F. 5725.

Lf $^{48}_{1}$

F. 4392.

L'EXCELLENCE
du mot de Clerc.

NOBLESSE ET ANTI-
QVITÉ DES CLERCS.

LEVR PREMIERE
institution, leurs faits heroiques, les
priuileges à eux concedez par les Rois,
confirmez par infinis Arrests, leurs
status & Ordonnances Royaux.

Le tout prouué par l'escriture, & par les
plus celebres Autheurs.

Ou se remarque aussi l'Origine des
Aduocats & Procureurs.

Dedié à Monseigneur le premier President.

Par le Sieur GASTIER.

A PARIS,
Chez NICOLAS BESSIN, au Palais, en
la gallerie des Merciers, sous la
montée de la Cour des Aides.

M. DC. XXXI.
Auec Priuilege du Roy.

A

MESSIRE NICOLAS

le Iay, Cheualier, Seigneur de Tilly la maiſon Rouge, S. Fargeau, & Villiers, Conſeiller du Roy en ſes conſeils d'Eſtat & priué,& premier Preſident en ſa Cour de Parlement de Paris.

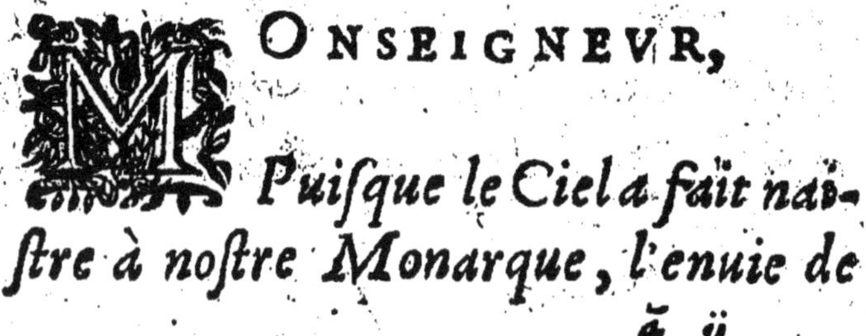

ONSEIGNEVR,

Puiſque le Ciel a fait naiſtre à noſtre Monarque, l'enuie de

ã ĳ

EPISTRE.

vous veoir son premier President,
vous ayant, à ce dessein faict present
de l'espee & des balances, auec les-
quelles s'exerce la Iustice dans son
Royaume, & principalement en son
Parlement de Paris, duquel tous les
autres prennent Loy, cela me fait
dire, que vous estes à present parmy
vous, ce qu'estoit en son temps ce glo-
rieux Euesque, duquel vous portez
le nom, & que l'on a tousiours reue-
ré, comme protecteur des Clercs, &
principal souftien du Trosne de la Iustice: ce qui m'a aussi dóné la hardiesse
de vous dedier ce petit discours, m'as-
seurant sur l'imagination que la pen-
see à fait conceuoir à mon esprit, que
vous l'auriez pour agreable, puisque comme le premier chef de cet Au-
guste Senat: il estoit necessaire que le
public aprist de quelle façon ont pris

estre, & comme ont vescu & vi-
uent encore maintenant vos subiets,
& notamment ceux qui portent le
tiltre de Clerc, dont le bon-heur de-
pendāt absolument de vous, leur fait
esperer de vostre bien veillance, la
preuue d'affection qu'elle leur a tousiours tesmoignee, aux occasions où il
a esté question de faire veoir que vous
estiez leur protecteur : ainsi que de
tout temps ont este vos predecesseurs,
qui ont sans cesse maintenu leurs officiers & supposts dans les priuileges
que nos Monarques leurs ont concedez : ainsi que la renommee pu-
blie que vous ferez encore, à l'imita-
tion d'iceux qui vous ont precedé en
ceste sublime charge, ausquels ie
souhaitte le repos Eternel : & à vous
tout le bon-heur que peut desirer vne
personne de vostre merite & condi-

EPISTRE.

tion, & de qui i'espere, auec le temps
faire admirer la vertu aux quatre
coins de l'Vniuers, pour donner tes-
moignage du dessein que ie fais de
mourir

MONSEIGNEVR

Vostre tres-humble & affe-
ctionné seruiteur.

R. GASTIER.

Aux Lecteurs.

LA seule consideration des persõnes de merite qui portent le nom de Clerc, & non pas celle de ceux qui dans leur condition assez noble, la veulent encore releuer de moustaches, de bottes & d'habits, plus propres à des fanfarons, qu'a ceux qui font profession de la plume, m'a fait mettre ce petit discours au iour, qui estoit destiné à ne le veoir de long temps, ma vacation & mes affaires ne me permettant pas la perte du temps & le soin qu'il faut donner à l'impression d'vn liure: mais ayant sceu depuis peu que quelques personnes blasmoient la qualité de Clerc, & que mesme des esprits mal sains, qui en font honorez la desaduouoyent aux compagnies, ou l'on s'enquestoit de leur exercice, s'imaginant qu'elle est trop basse pour leurs courages portez

des aifles de l'ambition, mes mouue-
mens fe font trouuez forcez par des de-
firs extraordinaires de produire cét en-
fant au monde, pour reprimer l'audace
de ces petits Ixions, & tafcher d'esbran-
ler la baze de leur vanité, pour les faire
tomber dans la recognoiffance d'eux
mefmes, leur faifant aduóuer, que la
condition des Clercs eft la plus fouable
de toutes celles que l'on peut donner à
la ieuneffe, puifque fous ce tiltre, la Nobleffe y eft comprife, comme ils pourront veoir dans ce difcours, s'ils prennent la peine de le lire, c'eft à quoy leur
bon Genie les inuite par ma bouche y
ayant du profit pour eux, & du conten-
tement pour les principaux officiers de
la Iuftice, qui recognoiftront en jcecy
ma bonne volonté.

ADVERTISSEMENT.

ECTEVR voicy vne
fantaifie de huict iours
nõ compris les heu-
res du repos, des repas,
& de mon trauail ordinaire, que
ie te donne, fi tu prends la peine
de la veoir tu y trouuerras fans
doubte quelque chofe que tu ne
fçauois pas, bien qu'il n'y aye rien
de nouueau, mais beaucoup de
chofes font vieilles à ceux qui les
fcauent, & nouuelles à ceux qui
n'en ont iamais ouy parler, & s'il
n'y a rien qui te plaife n'en blaf-
me pas l'Autheur: mais ceux qui
l'ont contrainct de la faire mettre foubs la preffe, t'affeurant que
ie ne l'euffe iamais fait, fi des ef-

prits plus réleuez en capacité que
le mien n'eussent pris la peine de
passer la veuë par dessus, & me
donner asseurance que ce petit
discours seroit bien receu, en face
son proffit qui pourra, ie n'espere
point d'honneur d'vn si petit ou-
urage. Si iamais ie me mesle d'es-
crire, ie choisiray quelque subiet
autant digne des applaudissemens
que celuy de ta bienueillance.

Au surplus ie t'aduertis d'vne cho
se qui n'est pas de peu d'importáce
C'est que beaucoup de personnes
s'estóneront de la cóparaison que
i'ay faite des Clercs Ecclesiastiques
auec ceux de la Iustice : mais il faut
qu'ils considerent que pour prouuer l'excellence & l'antiquité du
mot de Clerc, il estoit impossible
de se seruir d'autres personnes, &
de meilleurs autheurs, que ceux

dont ie me suis seruy en ceste oc-
casion, ioint que tu n'ignore pas,
que pour rendre vn œuure par-
faict, & s'accómoder aux mœurs
du temps, il faudroit auoir autant
de bonnes raisons qu'il se trouue
de sentiment diuers dans le monde. Et si i'eusse communiqué ce
petit traitté à beaucoup de personnes, ie t'asseure qu'il n'y fut à
la fin rien resté du mien, par la có-
trarieté des esprits qui se rencon-
trent dans ce siecle: ce qui m'a fait
resoudre à le donner au public, en
l'estat que tu le voids.

Priuilege du Roy.

LOVIS PAR LA GRACE
de Dieu, Roy de France & de
Nauarre: A noſtre preuoſt de Paris & autres nos Iuges & officiers
ou leurs Lieutenans: ſalut, de la
partie de Nicolas Beſſin, marchád
Libraire & Imprimeur en noſtre
dite ville de Paris, nous a eſté ex-
poſé, que depuis peu de iours il
auroit recouuert, non ſans frais &
labeur, vn liure intitulé, *l'Excel-*
lence du mot de Clerc, Nobleſſe &
antiquité des Clercs, lequel il deſi-
reroit faire imprimer: Mais d'autant qu'il doubte qu'autres que
luy ſe vouluſſent ingerer de l'imprimer, le fruſtrant par ce moyen
de ſeſdits frais & labeurs: C'eſt
pourquoy il nous a requis luy

vouloir sur ce pouruoir de nos
lettres à ce conuenables.   A ces
causes, desirans fauorablement
traitter ledit exposant: Nous luy
auons permis & permettôs d'imprimer ou faire imprimer ledit liure, iceluy exposer en vente, faisant deffences à tous autres Im-
primeurs & Libraires de l'imprimer ou faire imprimer iusques au
temps & espace de six ans pro-
chains, à compter du iour & dat-
te que l'impression dudit liure
sera acheué, ny en exposer en vente autres que ceux qui auront esté
imprimez par ledit suppliant ou
de son consentement, à peine de
confiscation de tous les exemplai-
res, de trois cens liures d'amende, & de tous despens dommages
& interests.   Si vous mandons, &
chacun de vous commettons par

ces preſentes, que de noſtre pre-
ſét Priuilege, vous faſſiez & ſouf-
friez iouïr & vſer, plainement &
paiſiblement iceluy expoſant, faiſant ceſſer tous troubles & em-
peſchemens à ce contraires: car tel
eſt noſtre plaiſir. Donné à Paris le dixhuictieſme iour de Ian-
uier l'an de grace mil ſix cens tréte
vn, & de noſtre Regne le vingt-
vnieſme, par le Conſeil,
FAVVET.

L'EXCELLENCE
DV MOT DE CLERC.

Nobleſſe & antiquité des Clercs.

A GLOIRE depend de l'action (dict Senecque:) car ſi iamais les hômes n'a-uoient faict de bonnes actions, iamais la gloire n'auroit tenu le râg qu'elle poſſede par-my eux, ny n'auroit pas acquis le bruit & le renom qu'elle a ce iourd'huy dans le monde. Ce fut pourquoy à ce ſubiect vn certain Theologien faiſant ſa haran-gue à vn Roy de France, qui faiſoit ſon entree dans ſa ville de Paris, luy dit, que ſes actions ne le faiſoient iamais mar-cher ſans la Vertu, la Vertu ſans la Gloi-re, la Gloire ſans le Triomphe, & le Tri-omphe ſans la Rénommee. Ce qui ſe trouuera côfirmé par la bouche de tous

les bons Autheurs qui ont curieusemēt
recherché la source des sciences, pour
mettre la vertu en lumiere & nous faire
Conceuoir le desir de la suiure, comme
estant la seule & seure guide que in fail-
liblement meine & conduit l'homme
à la perfection, le faict cognoistre le
fait admirer & luy faict acquerir des
qualitez & tiltres d'honneur & d'excellence.

Or entre les tiltres & qualitez existā-
tes & procedantes des vertus, celle de
Clerc doibt estre des premieres si l'on
considere l'energie du mot de Clerc, sa
consequence, son emphase, sa significa-
tion, & son antiquite, ou que l'on regarde les vertus, perfections, sciences,
& experiences, enueloppees dans ce tiltre qui n'a iamais este donné qu'a trois
sortes de personnes sçauoir à ceux qui
ont eu la charge du seruice & admini-
stration des choses seruant au culte diuin, ceux qui ont administre les sciences & la iustice, & à ceux qui par leur fi-
dellité soing & vigilance ont contribué
au concours & progrez des obseruations necessaires pour obtenir la iustice,
comme estant ceste qualité de Clerc

donnee pour marque & tefmoignage
de pieté, de fidelité, ou de Iuftice: c'eft
pourquoy ie diuiferay ce petit traitté en
trois parties.

En la premiere, ie traitteray des premiers qui ont efté qualifiez Clercs, à
caufe de leur pieté & deuotion en l'e-
xercice du feruice diuin.

En la feconde, de ceux qui ont efté appellez Clercs à caufe de leur doctrine &
fcience.

Et en la troifiefme de ceux qui fe font
acquis ce beau tiltre par leurs bons &
fidels feruices, peines & labeurs.

C'eft donc pourquoy i'ay recherché
curieufement vne partie de ce qui con-
cerne l'excellence, antiquité & nobleffe
du nom de Clerc: auec les noms & qualitez des perfonnes, qui les premiers ont
porté cette belle Epithete, pour en faire
ce petit difcours, & faire veoir que l'é-
nergie de ce mot, comprend auec foy
toutes les fciences. Et que tous les grãds
perfonnages de l'Antiquité, que la memoire faict reuiure parmy nous, ont
auec raifon, tenu à faueur & gratificatiõ
extreme, quand dans les efcripts faits à
leur loüange, on les appelloit grands

Clercs, attendu que c'eſtoit vn teſmoignage de leur ſçauoir.

La Diuinité & les choſes ſacrees, doiuent eſtre preferees à toutes autres (dit ſainct Auguſtin) elles doiuent tenir le premier lieu en toutes les œuures, à quoy noſtre eſprit s'employé afin qu'elles les conduiſent à vne heureuſe fin. Ie veux donc enſuiure la methode de ce grãd Docteur de l'Egliſe, & pour commancer cét Eloge, ie traitteray de l'excellence du nom de Clerc, nom qui a tellement eſté agreable en la bouche de tous les grands eſprits des ſiecles paſſez, que leurs eſcrits en ſont tous remplis, & ſemble qu'il n'y aye que la ſaincte Eſcriture ſeule qui n'aye pas vſé de ce mot de Clerc: mais ſi nous voulons croire (comme il le faut neceſſairement) au Concile d'Epheſe, tenu ſous Celeſtin Pape premier du nom, & Valentinian troiſieſme Empereur, confirmé par tous les autres Conciles, & notamment par celuy de Trente, receu parmy nous: nous trouuerons en ſon trezieſme Canon, que la dignité de ſcribe & lecteur: dont eſt fait mention par toute la Bible, & principalement en tous les liures d'E-

S. Auguſt.

Concile d'Epheſe
13. Canon.

fdras à esté interpretee pour Clerc, &
mesmes par les septante deux interpre-
tes tous vnanimemēt: ce qui est approu-
ué de tous les Peres de l'Eglise, Docteurs, Prophetes & Philosophes.

Ie trouue par la bouche de l'Escriture, qu'Esdras a esté le premier honoré
de ce beau titre de Lecteur ou Clerc, en
vne commission que luy enuoya Arta-
xerxes : portant commandement aux
Iuifs, Préstres & Leuites, de le suiure
en Hierusalem, lequel nom de Lecteur
à esté cōtinué de temps en temps, à tous
ceux dont la science les a faict paruenir
à quelque dignité Sacerdotale, & iusques à ce que le mot de Clerc soit venu
en vsage, qui a esté enuiron trois cēs ans
apres Iesus Christ.

Les Clercs sont ceux qui, comme dit
Tertulien, offrent sacrifice à Dieu, & qui
ont soin des choses diuines & de la Re-
ligion, & nul ne peut tenir benefice
qu'auparauant la science ne luy aye con-
cedé le nom de Clerc: tellement que
sainct Pierre est celui qui, comme chef
de l'Eglise à le premier porté le nom de
Clerc, puis qu'il ne pouuoi, paruenir à
la dignité de Pape, sans auoir ceste qua-

Esdras le prem. lecteur ou clerc en son 3 liu de la Bible ch. 8

Tertulien.

A iij

lité, & depuis tous les autres Papes qui
l'ont fuiui, les Cardinaux, Primats, Me-
tropolitains, Archeuefques, Euefques,
Archidiacres, Archipreftres, Curez,
Vicaires, Preftres, Diacres, fous-diacres,
Chanoines, Semprebendez, Chappe-
lains, Cheualiers de Malte, & du fainct
Sepulchre & autres Ecclefiaftiques, ont
tous porté le nom de Clerc, autrement
ils ne feuffent iamais paruenus à ces fa-
crees dignitez.

Eufebe de Cefaree en fon hift. 8. cha.6.   Eufebe de Cefaree en fon hiftoire, par-
le de certains lecteurs, qui depuis ont
efté appellez Clercs.

Socrate liu. 6.cha.3.   Socrate pareillement en fon hiftoire
liure 6.chapitre trois, fait mention d'vn
certain Iean, Contemporain & Contu-
bernal de fainct Bafille, lequel fut eftably lecteur de l'Eglife d'Antioche par
l'Euefque Zenon, & en fon liure fept
chap.xl. il dict que Proclus fut faict lecteur ou Clerc en bas aage.

Theodoret li.5.ch.30.   Theodoret parlant en fon hiftoire,
de fainct Iean Chrifoftome, il recite có-
me il ordonna plufieurs Lecteurs ou
Clercs en diuers lieux.

Ifidore 11 1.   Et Ifidore de Seuille raporte, comme
l'ordre des Lecteurs ou Clercs à pris

son commencement des Prophetes, attendu qu'ils illuminoient l'entendemēt
par la lecture des Propheties : comme
pareillement le recite sainct Thomas,
sainct Ephrem, les Empereurs, Valenti-
nien, Valens, & Gratian au Code de
Iustinian, Sozomene, sainct Ciprien, &
mesmes les Conciles d'Antioche, & celui conté quatriesme tenu à Cartage
l'an 395.

De sorte qu'apres toutes ces preuues
si euidentes, & que ie confirmerois de
tous les autheurs, si ie voulois m'esten-
dre dauantage sur ce subiet. Il ne faut
point doubter que le nom de Clec ou
Lecteur ne soit tout diuin, puisque les
peres de l'Eglise & les Conciles en de-
meurent d'accord, & ont interpreté le
mot de Lecteur pour Clerc, ainsi que
ie l'ay fait voir cy dessus au Concile
d'Ephese: & outre encore celuy Oecu-
menique assemblé à Nice, dit que la
premiere dignité que possede l'Ecclesia-
stique est celle de Clerc, apres laquelle
marchent tous les autres, iusques à l'ordre de Prestrise.

Ie conclueray donc par les paroles
que l'Apostre sainct Paul escrit à Timo-

thee, où il dit en ces termes, il faut infe-
rer neceſſairement, que tous les noms,
charges, fonctions & adminiſtrations
de l'Egliſe ſont toutes diuines, & tous
les ordres Sacrez, leurs exercices cóſi-
ſtans en choſes ſainctes & ſacrees. Ce
qui eſt confirmé par ſainct Cyrille &
Origene en ſes Homelies, & ie croy que
perſonne ne le voudra nier, lors que
l'on conſiderera des yeux de l'eſprit,
que tout ce qui ſert à Dieu eſt ſainct &
ſacré, ſaincte eſt la maiſon d'Oraiſon,
ſaincte le Temple de Dieu, ſaincte la pa-
role du Seigneur, ſaincte eſt ſa puiſſance, & bref eſt ſainct tout ce qui depend
des myſteres de l'Egliſe Romaine, ce
que preſupoſé, il eſt facile à iuger que
telles charges ne peuuent eſtre exercees
comme elles meritent ſans grace ſpe-
ciale, & par des perſonnes qui ſoiēt tou-
chees de la diuinité.

Apres quoy il faut tenir pour aſſuré,
que de tous les noms gratuittement
donnez aux Eccleſiaſtiques par le ſainct
Eſprit: il n'y en a poinct de plus admi-
rable que celuy de Clerc, puis qu'il tient
quelque choſe de ſon eſſence, ſuiuant
ſainct Thomas qui dict que le Clerc

illu-

S. Cyrille.
Origene.

S. Ambroiſe

S. Thomas
in 4. ſect. diſt
u4. q. 2 ar. 1.
vd 2.

illumine l'entendement.

Or il femble, comme il eft veritable,
que de toutes les epitettes dont on peut
gratiffier les Ecclefiaftiques, celle de
Clerc l'emporte priuatiuement à toutes autres : dont on les voudroit hon-
norer , comme ayant beaucoup plus
d'energie d'amphafe & de grace que
tout le refte des epitettes enfemble.

Premierement on void que le Clergé
en tire fon origine, qui fut au temps du
premier eftabliffement de l'Eglize fous
Conftantin le Grand, Empereur de l'O-
rien & de l'Ocident : ainfi qu'il eft ra-
porté par Eufebe & Niephore , Clergé
qui a toufiours efté compofé des efprits
les mieux cenfez, & des perfonnes les
plus releuees des Royaumes , ou il a
efté eftably, & lors que quelques Autheurs ont parlé de ceux qui compo-
fqient vn Clergé, il ne les ont point
nommez autrement que Clercs : comme nous voyons au Code Leo & An-
themius Auguftes en la 31. loy, ou il eft
traicté des priuileges du Clergé en ces
termes de *Efpicopis & Clericis.* Et en beaucoup d'endroits il ne les appelle point
autrement que Clercs, ainfi qu'on faict

tous ceux qui ont traitté des hiſtoires
Eccleſiaſtiques.

Secondement le mot de clericature
tire auſſi ſon premier fondement du
mot de Clerc : mais la clericature ne
ſ'entend pas ſeulement pour ce qui eſt
des charges de l'Egliſe, mais auſſi pour
les offices politiques qui concernent la
Iuſtice & a quoy ie m'arreſte, comme
Preſidens, Conſeillers, Aduocats,
Procureurs, Greffiers, & Clercs, auſquelles charges on ne pouruoy que de
perſonnes capables, & dont la ſcience
aye paru en quelques ſignalees occaſions.

Si ie voulois rapporter tous les autheurs qui ont traité de ce ſujet, i'aurois
aſſez de matiere pour faire autant de
vollumes qu'il ſ'en trouue de l'Hiſtoire
Romaine, mais pour n'eſtre point en-
nuyeux & mon deſſein n'eſtant que de
prouuer ſimplement l'excellence du nó
de Clerc, ie croy m'en eſtre eſſez acquit-
té par le recit que i'ay faict cy-deſſus,
ayant ſeulement choiſi les plus approuuez Orateurs & Philoſophes dont les
paroles ont touſiours paſſé pour preuue tres-certaine, pour apuyer le fonde-

ment de mon difcours, c'eſt dont pourquoy ie ne m'y arreſteray pas dauantage, & paſſeray outre à l'antiquité du
nom de Clerc.

L'Antiquité des Clercs.

SI L'antiquité eſt vne marque hon-
norable aux perſonnes Illuſtres có-
me nous en donnent les teſmoignages,
ceux qui tous les iours font rechercher
curieuſement dans les monuements des
ſiecles paſſez, les noms qualitez & faicts
de leurs predeceſſeurs, pour tirer gloire
de la grandeur & ancienneté de leurs
maiſons, il faut croire que dans le monde les Clercs font ceux qui peuuent dire
ſans vanité, au deſſus de tous ceux
qui pourroient … ter l'antiquité de
leur nom, puis qu'il eſt vray que leur
origine a pris eſtre d'vne perſonne la
plus Religieuſe la plus noble & la plus
antique de l'vniuers.

Encore que l'antiquité des Clercs ſoit
aſſez amplement iuſtifiee en la perſonne
d'Eſdras lequel a porté premier, le tiltre
de lecteur ou Clerc, ſuiuant l'interpreta-

tion des concilles, comme ie l'ay faict
veoir, si est-ce que mon dessein n'est pas
de m'y arrester tout a faict, mais ie veux
tirer leur origine de bien plus loing, &
faire veoir que ce mot de Clerc est plus
antien que le monde, ou du moins que
Genes. ch. 4. la quattiesme personne qui a habité la
terre estoit appellé de la sorte, & a tousiours esté tenu pour tel, par tous les
peres orateurs & prophetes.

Il faut que chacun demeure d'accord,
que la clairté ou clarté à esté faite deuant le monde, (par la toute puissance
de Dieu.) Et que la difference de clair
à Clerc n'a esté inuentee que pour faire
la distinction, de la clairté du iour auec
ceux qui portoient le nom de Clerc,
d'autant, que quand on parloit d'vn
Clerc l'on estoit en doubte si l'on vouloit parler du iour ou d'vne creature,
de sorte que les plus approuuez philosophes & grands personnages antiens,
trouuerent fort a propos de faire ceste
distinction.

Il y a vne grande correspondance de
Clerc a clairté, & l'alusion n'en peut
estre blasmee par des esprits bien cécez.
S'ils considerent les paroles de sainct

T'homas & de S. Gregoire de Nazian-
ze qui difent que (les lecteurs ou Clercs
illuminent l'entendement des hommes,
auffi bien que la lumiere, qui nous ef-
claire) eftant certain qu'alors que Dieu
crea le iour il auoit le mot de Clerc dans
la penfee : puis que c'eft luy qui a donné les epitettes a toutes chofes, & qui en
a efté le premier inuenteur. Et en effect
les paroles de ces grands docteurs fe
trouueront veritables , fi on regarde
que les Clercs de l'Eglife illuminent les
efprits par le recit des propheties, & les
Clercs de la iuftice par l'ordre de leur
procedure & par la lecture de leurs ef-
criptures.

Si bien que ie puis dire auec le Grec,
que l'origine du mot de Clerc vient de
la clarté & que fon etimologie eft plus
antienne que le monde, puis qu'il n'y
auoit encore perfonne fur la terre lors
que Dieu crea la lumiere apres la diui-
fion du cahos.

Mais à fin de contanter chacun, &
mettre en apetit ceux qui ne trouueroiét
pas les raifons cy deffus bonnes, i'en ay
faict encore vne recherche plus particuliere qu'ils trouueront peut eftre plus à

leur gouſt,

Tertulien m'en fournit d'vne tres pertinente lors qu'il dict que le Clerc eſt
celuy qui offre ſacrifice a Dieu comme
ie l'ay dict cy d'euant. Et ie penſe qu'elle
ne reçoit non plus de difficulté que les
paroles de la Bible qui nous a prennent,
qu'Abel fils d'Adam quatrieſme perſonne de la terre a eſté celuy qui a faict le
premier office de Clerc, offrant ſacrifice
à Dieu.

Or ſi tous ceux qui ont faict & font
ſacrifice a Dieu ont eſté nommez Clercs
ſuiuant ce que dict Tertuliē & Nicepho-
re, il eſt ſans doubte que le mot de Clerc
eſt auſſi antien qu'Abel.

D'auantage pour oſter le ſoubçon à
ceux qui doubteroient que le mot de
lecteur, tant de fois repetté dans l'eſcriture, n'euſt eſté interpreté pour Clerc,
& qui me pourroient dire que ce mot de
Clerc n'eſt pas ſi antien que ie le veux
faire croire, n'adiouſtant point de foy
aux paroles de l'Egliſe ny aux Conciles, bien que tel doubte tire auec ſoy
vne marque d'hereſie, toutesfois pour
leur complaire entierement, ie ne leur
allegueray qu'vne ſeule raiſon aſſez re-

marquable, qui eſt, que tous les Autheurs prophanes, deſquels ils ſe voudroient ſeruir, n'ont iamais parlé de perſonnes Eccleſiaſtiques, qu'ils ne les
ayent nommez Clercs : ainſi meſme
qu'a faict Caluin en ſa Doctrine, & du *Caluin en ſa Doctrine.*
Moulin en ſon Bouclier de la Foy, quoy *Du Moulin en ſon Boucl.*
qu'eſloignez de l'Egliſe, & autheurs ſãs
approbation.

Reſte donc à veoir maintenant, en
quel temps à peu pres le mot de Clerc
eſt venu en vſage parmy les hommes.

Il ſe trouue vne Epiſtre portant mã- *Epiſtola ad*
dement de l'Empereur Conſtantin, ad- *Anilinum*
dreſſee au Proconſul d'Affricque Ani- *proconſulem*
linus, il y a plus de quinze cens ans, par *Africæ ex-*
laquelle il ordonne, que tous ceux qui *tat apud Eu-*
font nommez pour l'ordinaire Clercs, *ſ. b. li. 7. c. 7.*
ſoubs la conduitte de Cicillius ſoient to-
talement exempts de toutes charges: & *Au Code de*
trente ans apres l'Empereur Conſtan- *Iuſtinian 51.*
tius confirma les meſmes exemptions,
aux Clercs.

Et par vne autre ancienne ordonnan- *Anicetus*
ce d'Anicette douzielme Pape, publiee *Epiſt. ad*
il y a plus de quatorze cens ans : Il eſt *Gallia Epi-*
ſcop. ca. 4.
enioint aux Clercs de donner en leur
conuerſation & forme d'habits, exem-

ple de vertu, à ceux qui ne font de leur qualité.

La mefme ordonnance ce trouue au quatriefme Concile de Cathage Canon xliiij.

De forte qu'il eft certain, que le mot de Clerc eft beaucoup plus ancien que toutes ces Epiftres & ordonnances, & par vne coniecture infaillible, il faut croire que ce mot de Clerc eftoit grandement en vfage parmy nos Antiens, & mefme auparant la venue de Iefus Chrift,

Voyons donc à prefent en quel temps la Iuftice a commencé fon regne , de quelle façon elle a efté exercee iufques à ce iourd'huy & la caufe pour laquelle il faut tant de grands efprits, ordinairement appellez Clercs pour la feruir & maintenir en fon luftre & grandeur.

Si le temps ne bleffe ma memoire, ie penfe auoir leu dans le premier liure de Diodore Sicilien chapitre huict, qu'au temps que le vice paffoit pour fimplicité, l'antienne couftume de iuger les differends qui naiffoient dans les Senats de Rome, de Lacedemone, des

Areopa-

Areopagites d'Athenes, & des Egyptiens eſtoit telle, que de trente ou cent Iuges, dont ils faiſoient choix, entre les meilleurs eſprits de leurs principales villes, ils en elliſoient vn, leur Preſident & ſuperieur, lequel portoit vne chaiſne d'or au col, où eſtoit pendu vn ioyau de grand prix qu'ils appelloient Verité: & lors que quelque different ce preſentoit à iuger, apres que le demandeur auoit baillé ſa demande par eſcrit, le deffendeur ſes deffences, & qu'ils auoient eſté ouys deux fois par leurs bouches, le Preſident tournoit ſon ſignal de Verité vers celuy qu'il eſtimoit auoir meilleur droict : & apres auoir pris l'aduis des autres Iuges, donnoit ſentence à ſon profit : tellement qu'en ce cas, il n'eſtoit point beſoin de Clercs pour inſtruire les proces comme il en faut à preſent, auſſi les affaires n'eſtoiét pas en telle quantité, & de ſemblable conſequence parmy ceux de leur republiques, qu'elles ſont maintenant parmy nous.

Il ſemble que les Chinois, les Turcs & beaucoup d'autres nations, entre- Belon Baudier 52. ch.1.

C

tiennent encore la mesme coustume, si
nous adioustons foy à ce qu'en disent
Belon en ses obseruations, & Baudier
en ses Histoires du Serail du grand Seigneur & du Royaume de la Chine, où
ils raportent, que quiconque veut auoir
action contre vn autre, il l'ameine au
Diuan par le poing sans qu'il l'ose refu-
ser, & là deuant les Iuges, apres la des-
duction de leurs demandes & deffences
& iustification de leurs contracts &
actes s'ils en ont, où sinon la deposi-
tion sommaire, & verbale de deux tesmoins, la cause est iugee sur le champ
sans qu'il leur soit donné vn plus long
del'ay.

Diuan lieu
ou s'exerce
la Iustice en
Turquie.

Ce qui s'est aussi obserué en France
par plusieurs annees, mais non pas entierement de la sorte ; car, les sieurs du
Tillet & de Miraumont, Charon, en son
Histoire vniuerselle, & bref tous les
historiographes de France, parlans de
l'origine des parlemens, & de la façon
que la Iustice y estoit admistree au
commencement, & nottamment en celuy de Paris, qui est le plus antien, & le
premier estably, ils disent que nos pre-

Du Tillet,
Miraumont,
Charon.

miers Rois, faifoient deux ou trois fois
l'annee vne affemblee publique, en diuers lieux, ou leur maiefté ſſe trouuoit
en perſonne, pour decider elle meſme
les differends qui naiſſoient de iour a
autre entre leurs ſubjects (ſur le champ
& apres les auoir ouys par leur bouche)
mais comme l'abondance des affaires
commança, à leur apporter beaucoup
de trauail, il fut aduiſé que des plus grã-
des cittez & prouinces du Royaume,
l'on eſliroit gens Clercs & experimen-
tez aux affaires pour iuger ſouueraine-
ment, & terminer les procez des parties, ce qui auroit eſté faict & continué
vne longue eſpace de temps, & iuſques
au Roy, Phillippes le Bel, qui par deliberation des eſtats, ordonna que la
Cour de Parlement de France, demeu-
reroit ſedentaire à Paris, & que les iuges y reſideroiēt perpetuellement comme ſouueraïns diffiniteurs, de tous les
differends du Royaumé, pour le ſou- *Ordonn. de*
lagement des parties qui auoient beau- *Philippes le*
coup de peine à la ſuitte de la Cour. Et *Bel de 1302.*
ce par ſon ordonnance, de l'an 1302.
confirmee par Louis Hutin, Philippes

C ij

le Long, Charles cinq, & de tous les autres Rois iusques à present.

Et ce remarque par ces ordonnances, que tous les grands personnages,
qui ont esté appellez Clercs : ont tousiours tenu le premier rang aux dignitez
de la iustice, comme estans estimez les
plus doctes & sçauans.

Ce fut lors que les affaires, croissans
& multiplians de plus en plus, il fut necessaire d'acroistre les officiers de la iustice. Et d'autant que beaucoup de personnes, faute de bien plaider leurs causes perdoient souuent leurs biens & leur
honneur, il fut resolu que pour les def-
fendre, on receueroit en ce Royaume,
de certains officiers, que l'on nómeroit
li. Variarũ.
Epist.22. Aduocats, du mot latin, tels que Cassio-
dorus raporte qu'estoit Marcellus, lequel
il dict auoir esté le premier, Aduocat,
suiuant les prouisions que luy en donna
Theodoric, Roy d'Italie.

Et depuis, à cause qu'il se presentoit
beaucoup d'affaires qui ne meritoient
pas l'aduis & la plaidoirie des Aduocats, comme ne dependans pas des
loix, il fut aduisé que l'on esliroit de cer-

taines perſonnes,tant pour plaider ces
cauſes legeres que pour inſtruire les
proces de ceux qui par leur malice &
negatiue de guiſoient vn faiĉt de ſorte
qu'il ne ce pouuoit decider que par la
veuë des pieces de l'vne & l'autre des
parties, auſquelles on donneroit le nom
de Procureur: d'autant qu'ils ne pourroient occuper ſans procuration, à l'i-
mitation de Ceſar, lequel nous trou- *Vlpian, Cõ-*
uons auoir donné le premier nom de *mentaires*
de Ceſar,
Procureur à Iunius Colon, & depuis à *procuratores*
Fuſcus Cornelius & autres, dont font *Caſaris.*
Maiſtre
mention les annalles de Corneille Ta- *François &*
cite. *André Scho-*
tus en leur
Mais les Procureurs eſtoient en trop *Hiſt. d'Ita-*
petit nombre pour pouuoir ſubuenir à *lie li. 6. ch. 7*
tant d'affaires, qui à tous momens leurs *Con. Taci-*
tus. li. 3. ca. 1.
tomboient entre les mains, ioint que
toutes ſortes de perſonnes n'eſtoient pas
propres à l'exercice de ceſte penible
charge, de ſorte qu'ayans demandé des
aydes à meſſieurs du Parlement, on de-
libera de leur en donner, & de faiĉt, il
fut arreſté enuiron l'an 1330. qu'ils pren- *Année 1330.*
droient de ieunes hommes de bonnes
familles chez eux, qui ne leur ſerui-

C iij

roient à autre chofe qu'a inftruire les proces & inftances, dont ils feroient chargez pour les rendre capables de l'exercice de Procureur. Et comme on voulut chercher quel nom on leur donneroit, on trouua que celuy de Clerc leur eftoit conuenable plus que nul autre, puifque l'on ne le donnoit qua des perfonnes de pieté de fcience & de meritte.

Et à leur exemple, tous les officiers de la Iuftice & autres exerceant charge de clericature, & qui ont efté creez depuis, ont toufiours appellé Clercs, ceux qu'ils ont eu fous eux.

Tellement qu'il eft veritable, qu'il n'y a point de nom plus excellent ny antien que celuy de Clerc, ny fort peu de charges plus honorables que celles que les Clercs poffedent dans l'adminiftration de la Iuftice: voyons donc maintenant quelle eft leur nobleffe.

La Nobleſſe des Clercs.

IL y a quatre marques principalles en la Nobleſſe à ſçauoir, la vie honorable, les belles actions, la bône Iuſtice, & le trauail ſans profit, toutes leſquelles il n'y a point de Clercs qui ne les poſſeddent, encore que beaucoup ſoient d'eſtraction roturiere: mais comme dit Petrarque: la Nobleſſe n'eſt ny à la chair ny au ſang: car il feroit bien difficile de diſtinguer le ſang des vaillans hommes d'auec celui des poltrons: il n'y a que la vertu & l'honneur ſeul, qui puiſſent rendre la perſonne noble, ce ſont eux qui leur font entreprédre courageuſement de beaux deſſeins pour acquerir de la reputation, eſtant certain que celuy qui commet de mauuaiſes actions n'a nullement le cœur noble.

Petrarch. li. 2. de Remediis Dialog. 16.

Premierement la vie des Clercs eſt tres-honorable: car pendant le cours d'icelle ils teſmoignent n'auoir d'autre deſir que celuy de taſcher a acquerir par

leurs œuures la reputation d'honneste
homme, qui est tout ce que le plus noble de la terre peut souhaiter dans le
monde pour immortalifer son nom.

En second lieu, leurs actions fe trouueront des plus belles qu'aucun mortel
puisse faire: si on regarde l'assiduité, le
foin & la diligence qu'ils apportent à la
pourfuitte des affaires, dont leurs maiftres font chargez.

En troisiefme lieu, la bonne iustice
leur est grandement recommandable,
l'apparence le faifant veoir clairement,
lors qu'ils employent tout leur efprit, &
appliquent tous leurs fens, pour faire
paroiftre le bon droict d'vne cause par
la procedure qu'ils en font.

Et en quatriefme & dernier lieu, leur
trauail est fans proffit, la charité enfla-
mant leur courage, leur fait faire pour
rien ce que d'autres ne feroiët que pour
le lucre, leur labeur n'est point merce-
naire, & ie puis dire qu'il n'y a que les
liens de l'honneur & de la charité, qui
les obligent à rendre tant de bons offices à la iustice, qui en effect fans eux ne
pourroit estre exercee ny maintenuë en
fa fplen-

sa splendeur, comme on la void auiour-
d'huy reluire deffus son trofne.

De sorte que les Clercs portans gra-
ué sur le front ces quatre belles marques de Noblesse, il faut côfesser qu'encore qu'ils ne soient de noble estra-
ction, que venans à embrasser & se re-
ueftir de la qualité de Clerc, telle condition iointe aux actions qui s'en ensui-
uent les anoblit entierement.

C'est ce qui auroit meu beaucoup de
nos Rois à leur conceder les preuile-
ges admirables dont ie veux parler cy
apres, & desquels se tire plusieurs Argu-
mens infaillibles, pour dauantage tes-
moigner leur noblesse.

Celuy qui n'a rien n'a point de proces
dit le prouerbe : mais ie trouue qu'il ne
dit pas la verité, car encore que beaucoup de Clercs ne possedent aucunes
maisons, rentes ny heritages, pour estre
la plus grande partie mineurs, & n'a-
yans pas encore la iouissance & admini-
stration de leur bien, ils ne laissent pas
d'auoir des proces l'vn contre l'autre,
procedans : soit de l'exercice es ieux royaux licites & approuuez, soit d'assi-

stance & prest d'argent, ou de rixes &
dissentions, dont quelquefois les hommes les mieux nez ne sont pas exempts:
mais d'autant que ces petits differends
ne meritent pas des Arrests de la Cour.
Le mesme Roy Philippes le Bel, par
l'aduis de son Parlement, trouua bon
non seulement de partager son Royaume en deux, mais aussi de permettre vn
autre Roy que luy dans son Royaume.
Et de fait, il octroya & conceda aux
Clercs pour la cognoissance & iugemens des differends qui se presenteroiĕt
entre eux, la Iustice souueraine & Ro-
yale, qui s'exerceroit sous le nom & auctorité du Roy de la Bazoche, par ses
officiers, qui seroient les plus antiens
Clercs, des Procureurs de son Parlement, qui porteroient nom de Chancelier, maistres des Requestes ordinaires,
Aduocat & Procureur genemux, &
de Communauté grand Referan-
daire & Raporteur en Chancellerie,
grands Audiencier & Aumosnier, Maistres des Requestes extraordinaires,
Tresoriers, Notaires & Secretaires, Aduocats & Capitaines, Greffier & Huis-

ciers, tous sous la puissance & auctorité
du Roy de la Bazoche, auquel ou a son
Chancelier & Officiers: il auroit con-
ceddé le pouuoir & auctorité de créer
& establir des Preuosts & iurisdictions
Bazechiales és sieges Presidiaux & Royaux, ressortissans en son Parlement de
Paris, & y pouruoir des plus anciens
Clercs pour officiers qui tiendroient
en foy & hommage du Roy de la Bazoche, & desquels les appellations res-
sortiroient pardeuant le mesme Roy de
la Bazoche ou son Chancellier & officiers auquel, comme à tous ses suposts,
il auroit permis de porter la tocque à l'i-
mitation de sa Maiesté, qui en portoit
aux plus belles ceremonies, ce que nos
monarques ont continué iusques à present, ainsi que ses officiers de la chambre des Comptes. Et tout cela fait veoir
le desir que nos antiens Rois ont eu d'a-
noblir les suposts de leur Iustice.

   Mais il se trouue encore des marques
de noblesse plus particulieres : car le
sieur Fauchet nous apprend, que les
Clercs ont eu autrefois leur monnoye
particuliere, appellee monnoye de Ba-

Monsieur le
President de
Thou en son
plaidoyé in-
seré en vn
arrest de
1528.

Fauchet

zoche, ainſi que Plaute in Pænulo faiç mention, , *auro vel argento Comico*, laquelle monnoye ils faiſoient battre , & auoit cours dans le Royaume entre les marchands & Comediens de gré à gré: ainſi qu'a preſent ſe mettent les pieces eſtrangeres,& ce par permiſſion du Roy auctoriſee & côfirmee par la Cour. Ce qui nous eſt aſſeuré par le ſieur de Miraumont en ſes memoires, lequel diç dauantage, que ces Iuges ne prennent point d'eſpices, ny autres droits pour le iugement des proces. Et d'autant qu'il a aſſez amplement traitté du Royaume & Iuſtice Royalle de la Bazoche: Ie paſſeray ſous ſilence toutes les remarques qu'il en a faittes, pour toucher quelques principaux points propres à mon ſubieét, qui ſont demeurez au bout deſa plume.

Sans la guerre le courage des hommes n'euſt iamais paru, & de ce malheur en arriue vn bien : car l'homme genereux dans l'occaſion du diſcort, cherche à faire paroiſtre ſa valeur , pour acquerir du renom dans le môde, à quoy il ſemble que la Nobleſſe ſoit deſtinee

des le berceau pluftoft que ceux qui ont
pris leur naiffance d'vn bas lieu: car dás
toutes les actions des Nobles, on y remarque toufiours quelque tefmoignage
du lieu dót ils font yffus. Et à leur imita-
tion, il sêble que les Clercs ayêt de tout
téps tafché de conformer leurs mœurs
entieremêt à celles de la Nobleffe, foit en
l'exercice de la Iuftice où de la guerre, à
quoy ils ont efté employez pour le feruice de leurs Monarques, comme n'y
ayant pas beaucoup de difference de
l'vne à l'autre, & dont ils fe font acquitez fi brauement, que la memoire ne
s'en perdra qu'auec le monde, ainfi que
ie veux faire veoir prefentement.

Froiffart en fes Cronicques & An-
nales vniuerfelles, fait mention qu'en
l'annee 1548. fous le reigne du Roy
Henry fecód, la fureur de quelque peuple mutiné en Guienne, Xaintonge,
Angoulmois, Gafcongne, Bordeaux,
& bref de la plus part des principales
villes de la France, fous pretexte de
quelques extorfions & droits nouueaux
que les gabelleurs & fermiers du fel
leur auoient impofez, fit que le Roy au

retour des païs de Bourgongne, Breffe,
Sauoye & Piedmont, (d'ou il venoit de
faire vne promenade) s'enferma dans
fa ville de Paris, & par l'aduis de fon
Confeil, refolut de leuer plufieurs ar-
mees pour enuoyer refrener l'audace de
ce peuple, & de faict ayant depefché di-
uerfes commiffiós pour leuer des trou-
pes de gens de guerre, il ne s'en prefen-
ta que fort peu, en forte que le Roy e-
ftoit fur les termes de remettre la ven-
geance de ce peuple à vn autre temps:
lors qu'inopinément, voicy fix mille
ieunes hommes bien faits & de bonne
mine, tant Clercs qu'Efcoliers, qui vien-
nent offrir leur feruice à fa Maiefté, auec
vne apparence de fi bonne volonté, que
le Roy ne les voulans refufer accepta
volontiers l'offre de feruice qu'ils luy
faifoyent, auec proteftation de reco-
gnoiftre quelque iour l'affection qu'ils
luy tefmoignoient en cefte occafion, &
à l'inftant depefcha le Conneftable de
Montmorency en Guyenne, condu-
cteur de huict mil homme, fçauoir ces
fix mille Clercs & Efcoliers & deux
mille foldats des vieux Regimens. Et

le Duc d'Aumale fut enuoyé en Xaintonge auec quatre mille Lanſquenets &
quelque Cauallerie Françoiſe: mais parce que mon deſſein n'eſt pas de reciter
icy l'Hiſtoire de France, ie ne parleray
ſeulement que des beaux faits d'armes
que les Clercs executerent hardiment
en ceſte belle entrepriſe.

Le Conneſtable arriue donc en la
Guyenne, il y trouue quarante mil hõ-
mes, embaſtonnez de toutes ſortes d'armes, reſolus de le mettre en pieces auec
toute ſon armee, ſi leurs trouppes euſ-
ſent eſté conduittes par la prudence
d'vn bon chef de guerre: mais telles
gens n'auoient pas aſſez de valeur pour
eſpouuenter le Conneſtable ny ſes
gens. Les Clercs ne pouuans trouuer
de reſiſtance digne de leur courage, ny
de force baſtante pour ſouſtenir le choc
de leur effort: ils abordent donc ceſte
grande armee, en reſolution de mourir
pluſtoſt que de quitter le combat, ils ſe
choquent ſi rudement, que plus de ſix
mille ennemis ſe perdent d'abord, l'eſ-
copeterie eſt ſi violente, les ſalues de
mouſquets ſi eſpouuentables, qu'il ſem-

bloit que mille tempeſtes d'orages & de
vents vouluſſent abiſmer le monde, le
deſir de vaincre anime chacun, ils vien-
nent aux aproches & de là aux mains,
ceux qui auoyent le plus de courage
cherchoient les belles occaſions pour
ſignales les lauriers de leur gloire, tout
fait iour à ces braues protecteurs de la
Iuſtice, ils vollent de bataillon en bataillon, ſautent de bande en bande pour
chamailler au ſon des trompettes & tá-
bours, bref en ſix heures de combat,
toute cette grande armee de muttins eſt
diſſippee & miſe en routte, & en ſuitte
de ce braue exploit, le Conneſtable ioi-
gnant l'armee du Duc d'Aumalle, entre
dans Bordeaux, deſarme le peuple, &
par la force de ſes armes, pacifie tous les
païs qui s'eſtoient ſouſleuez contre leur
Prince, puis s'en reuient à Paris, où les
Clercs ſont licentiez & réuoyez à l'adminiſtration de la Iuſtice, dont le grãd
cours auoit eſté diſcontinué pendant la
guerre, mais ce ne fut pas ſans recom-
pence, & le Roy eſtoit trop iuſte & ma-
gnifique, pour ne recognoiſtre le ſeruice que les Clercs luy auoient faict, n'a-
yant

yant pas mis en oubly la promeſſe qu'il
leur auoit faitte, car ayant mandé les
principaux d'entre eux auec les principaux Eſcoliers de l'Vniuerſité, apres
leur auoir pluſieurs fois demandé ce
qu'ils deſiroient de luy, pour rémune-
ration du ſignalé ſeruice qu'ils luy a-
uoient rendu. L'honneſteté leur fer-
mant la bouche, nul ne voulut iamais
l'ouurir pour demander aucune choſe.
Ce que voyant le Roy, par deliberation
de ſon Conſeil, il leur fait preſent d'vn
lieu de promenade, contenant cent ar-
pés de pré, en vne piece appellee la pre-
rie de la Seine, & ſeize ſur le bord de
ſiuiere de Seine, qui ſeroient deſormais
appellez le Pré aux Clercs, auec deſ-
fenſes à toutes perſonnes d'y baſtir aucunes maiſons à l'aduenir. Et outre ce
leur auroit permis de faire coupper dans
l'vn de ſes bois tel arbre qu'ils voudroient choiſir en preſence du ſubſti-
tud de ſon Procureur General és eaux
& Foreſts de France, pour faire la cere-
monie du plan de May, qu'ils ont ac-
couſtumé de faire tous les ans le dernier ſamedy du mois de May au ſon des

tambours, trõpettes & haultbois de sa
Majesté,& pour suruenir aux frais,leur
auroit accordé vne somme du reuenu
de son Royaume par chacun an, qu'il
auroit pour en faciliter la recepte, assi-
gnee sur les amendes adiugees par les
Arrests de ses Cours de Parlement &
des Aydes. Et outre ce, ordonne qu'il
leur seroit deliuré gratis en la Chancellerie vne lettre du plus haut prix qu'ils
voudroient choisir aussi par chacun an,
ce qui depuis ce temps, & encore au-
iourd'huy à tousiours esté obserué &
entretenu : comme aussi il leur auroit
permis de faire leurs armoiries timbrees
d'vn casque & morion pour marque de
Royauté, ce qui n'estoit & n'est permis
qu'aux Nobles, & dont à l'instant leur
auroit esté expedié lettres de don con-
firmees par Arrest de la Cour de la
mesme annee 1548.

Nicolle Gile.

Si bien qu'apres toutes les marques
de Noblesse, acquises par les Clercs,
auec tant de trauail & de labeur, se seroit doubter de ce que nos yeux voyent
clairement, que de dire, qu'ils ne seroiẽt
pas nobles. Premierement, on leur en

void faire toutes les actions, leur iustice est qualifiee Royaume, leur Chef,
Roy, ses officiers, Chãcellier, maistres
des Requestes, Aduocat & Procureur
Generaux, grands Referendaire & Au-
dienciers procureur de Communaulté
& grand Aumosnier, Capitaines & autres, permission de battre monnoye, priuileges d'armes, & de couppe de bois.
Et apres tout cela, leurs valeureuses
actions que leur ont acquis vn renom
qui ne perira iamais: tellement que l'on
peut dire veritablement tous les Clercs
Nobles.

Mais encore que toutes ses preuues
soient les plus grands indices que l'on
puisse tirer des tesmoignages de Noblesse, si est-ce que sans la pieté vn homme ne peut estre Noble parfait. Ce que
le Reuerend Pere Caussi à fort bien re-
marqué au premier tome de sa Cour
Sainte, seconde raison tiree de la Noblesse, ou il dit auec Philon Iuif, en son
traitté touchãt les Nobles, que ceux qui
attachét leur Noblesse a la chair, au sãg,
à quelques vieilles masures, à quelques
tõbeaux à leurs qualitez, à leurs richef-

E ij

ſes, ou a quelques priuileges particuliers
que les Rois leurs ont cõcedez, ſont in‑
dignes de porter ce beau titre de Nobles
puiſque le plus haut & le plus ſolide hõ‑
neur que l'on ſçauróit iamais pretendre,
eſt de mettre les vices ſoubs les pieds &
les vertus ſur la teſte, la Nobleſſe n'ayãt
point de meilleur caractere que celui de
la Saincteté, qui leur donne vn libre ac‑
cez aupres de celuy qui depart les ver‑
tus aux hommes, & leur ouure le che‑
min pour les acquerir.

Ce que les Clercs recognoiſſans fort
bien, & que tous les beaux characteres
qu'ils portent grauez ſur le frontiſpice
de leur qualité & de leurs actions, ne les
pouuoient anoblir entierement, s'ils
n'acquerroient par quelques œuures
ſainctes, le renom que la deuotion & la
pieté attribue aux hommes vertueux.
Pour donc paruenir au ſupreme degré
de la perfection noble, & touchez d'vn
zele tel que Grenade le ſouhaite à la No‑
bleſſe, auroient par l'aduis des plus an‑
tiens & principaux officiers de la Ba‑
zoche, & meſme de leurs deniers acquis
en l'Egliſe des Cordeliers de cette ville

de Paris vne chappelle en laquelle ils
auroient fondé à perpetuité tous les Di-
manches & Feſtes, tant de noſtre Dame
que autres Saincts & Sainctes, ſpecifiez
par les côtracts, vne Meſſe baſſe & quatre hautes, à quatre feſtes ſolemnel-
les.

Tellement que ne reſtant que ce ſeul
poinct, qui pouuoit obſcurcir le luſtre
que l'eſclat de leur reputation c'eſt acquis, ils s'en ſont acquitez ſi dignement,
qu'il n'y a perſonne qui ayant leu ce que
ie viens de dire, n'aduouë auec moy,
que quand les Clercs viendront à faillir
il reſtera fort peu d'hommes vertueux
au monde.

Au ſurplus les Clercs ſont tellemẽt
neceſſaires dans vn' Eſtat, que ſans eux
la Iuſtice ſeroit ſans ſuppoſts, les deux
principaux points de leur ſcience, quoy
que communs, ſe monſtrent toutesfois
aux Rois, Princes & Seigneurs: & il ſe
trouuera que les plus qualifiez perſon-
nages de la France portent le tiltre de
Clerc, dont ils s'eſtiment honorez: & ſi
ie les vouloisnombrer il s'en trouueroit
plus d'vn tiers du Royaume, mais i'en

Par Côtrats
paſſez par-
auant Per-
lin & le Roy
Notaires les
27. Iuillet
& 29 No-
uemb. 1628.

laiſſe le iugement à ceux qui ont la co-
gnoiſſance de ces Auguſtes Senateurs
des Parlemens de France & des Cham-
bres des Comptes.

Voyla donc tout ce que i'ay peu re-
marquer de l'excellence, Antiquité &
Nobleſſe des Clercs, depuis que le mot
eſt en vſage dans le monde , & meſme
des auparauãt. Si quelqu'vn trouue que
ie n'aye pas bien rencontré à ſa fantaſie,
il me fera vne faueur extreme de faire
mieux: mais qu'il conſidere que ce n'a
point eſté la vanité qui me l'a fait entre-
prendre, y ayant long temps que i'ay
appris ce precepte de S. Louis, qui diſoit
à ſon fils: que celuy qui vouloit tirer vanité de ſes actions, deuoit faire en ſorte
qu'il n'y euſt riẽ à redire en ces œuures.
Or ce diſcours eſtant imparfaict, des ſu-
ptiles pointes & paroles bien arrengees
des beaux eſprits du temps, i'en quitte-
ray la gloire à celuy qui fera mieux, ſi
l'on pretẽd que ie l'aye fait à ce deſſein.

F I N.

Laus E' Labore grato.

Marginal notes:

Conſeillers, Clercs, mai-ſtres des Cô-ptes & Au-diteurs qua-lifiez mai-ſtres Clercs par les ord. de Philippes le Bel & du Roy Iean des annees 1303. & 1355.

Precepte de S. Louys à ſon fils.

STATVTS ET OR-
donnances du Royaume de la Bazoche, faittes, reformees & accor-
dees par la Cour, aux suppots d'i-
celuy en l'annee 1586. en proced-
dant sur les Requestes presentees
tant par le Procureur de Communauté que lesdits suppots, monsieur
Iacob Chancelier Regnant.

CHAP. PREMIER.

Des Iuges du Royaume & de leurs charges.

REMIEREMENT, que
pour maintenir & entretenir
en vnion le corps de laditte
Bazoche & administrer la
Iustice aux suppofts, y aura ainsi qu'il a
esté de tout temps accoustumé, selon les
priuileges octróyez audit Royaume
par les Rois de France. Confirmez par

Prem. art.

infinis Arrefts de la Cour de Parlement,
vn Chancelier, auec les maiftres des Requeftes ordinaires , vn Refferendaire,
vn grand Audiencier, qui feroit maiftre
des Requeftes extraordinaires, vn Procureur general, & vn Aduocat du Roy,
vn Procureur de Communauté, quatre
treforiers, vn Greffier , quatre Notaires & Secretaires, vn premier Huiffier,
& huit autres Huiffiers, auec vn Au-
mofnier, qui fera homme d'Eglife, fans
eftre tenu d'aucuns droits & debuoirs:
aura voix deliberatifue, & feance apres
les maiftres des Requeftes extraordinaires, & tenu d'affifter à tous actes Bazochiaux.

II.   Que defdits officiers, feulement, Meffieurs les Chanceliers, maiftres des Requeftes ordinaires , grand Referendaire, & grand Audiencier, procederont
au iugement des caufes & n'y feront ad-
mis ny receus les autres officiers dudit
Royaume, à la charge que lefdits Referendaire & grand Audiencier n'auront que la voix deliberatiue & la feance feulement apres lefdits Meffieurs des
Requeftes ordinaires, à la charge que
                                    tous

tous lefdits grand Referendaire & Audiencier & lefquels grand Referendaire
& Audiencier fe pourrôt exempter d'e-
ftre Treforiers deux ans apres le iour
de leur reception.

III. Que lefdits Chancelier, vis-chancelier, ou plus antié maiftre des Requeftes ordinaires, ne pourront affeoir ou
donner aucun iugement, s'ils ne font af-
fiftez de fept M^es. des Requeftes qui feront appellez à la diligence des quatre
Treforiers.

IV. Que les plaidoiries fe tiendront à
huis ouuert par chacune fepmaine deux
fois, à fçauoir Mercredy & Samedy fur
les vnze heures du matin, aufquelles enfemble aux extraordinaires, ferôt lefdits
maiftres des Requeftes, grand Audiencier, grâd Referêdaire, & autres officiers
dû corps, tenus de leur y trouuer auec
leurs bonnets deffés à peine de l'amêde,
à la difcretiô de la Cour, & confifcation
dé leurs chapeaux applicables à œuures
pitoyables ou autrement, ainfi que la
Cour aduifera & verra d'eftre à faire,
s'il n'y a excufe legitime, dont la Cour
fera certifiee.

F

CHAP. SECOND.

De la charge des Procureur Gene-ral, Aduocat du Roy, & Procu-reur de Communauté audit Ro-yaume.

I. LE Procureur General , Aduocat du Roy,& Procureur de Communauté dudit Royaume tiendront la main, que les presentes Ordonnances, Reglemens & statuts , soient estroitte-ment gardees & obseruees, & qu'il ne se deffaille aucune chose du contenu en icelles , concernants les droits dudit Royaume & exercice de la Iustice.

Sera le Procureur de Communauté tenu d'assister à toutes les plaidoiries ordinaires & extraordinaires, & és as-semblees qui se feront pour empescher que rien ne se face au preiudice d'icelle Communauté.

II.   Que tous les tiltres, statuts & or-donnances dudit Royaume demeure-

ront au Greffe, pour y auoir recours,
defquelles le Greffier fe chargera par inuentaire, duquel il baillera vn double
figné de luy, tant au Procureur General
que Communauté: & aduenant vacation de fon eftat de Greffier, le remettra
entre les mains de fon fucceffeur Greffier, felon l'inuentaire, & ne fera le Greffier receu en l'eftat par refignation, que
preallablement il ne foit faifi des regiftres du greffe, que fon predeceffeur fera tenu reprefenter en iugement, afin
que celuy qui entrera en fon lieu en foit
chargé, & à cét effet, y aura vn coffre
auquel feront mis & depofez lefdits regiftres, arrefts & chartres dudit Royaume, pour y auoir recours quand befoin
fera, auquel y aura deux clefs, l'vne és
mains du Chancelier, l'autre du Greffier.

IV. Ne pourront lefdits Aduocat &
Procureur du Roy, prendre aucun fa-
laire pour la vifitation des proces, charges & informations qui leur feront cô-
muniquees, ne conclufions, foient ciui-
les ou criminelles, interlocutoires ou
diffinitiues: Comme auffi ne pourra le

Procureur de Communauté prendre aucun ſalaire, au cas qu'il fut ordonné par ladite Cour, qu'il auroit communi-cation d'aucun proces.

CHAP. TROIS.

De la charge de Greffier, & des Notaires & Secretaires.

1. SEra le Greffier du Royaume tenu faire regiſtre des Arreſts qui ſeront donnez par la Cour, duquel il fera ap-paroir de trois iours en trois iours, à peine de priuation de ſon eſtat.

II.   Et ou ledit Greffier ne ſe pourra trouuer ordinairement auſdites plai-doiries pour excuſe legitime, il ſera te-nu d'en aduertir l'vn des quatre Notai-res & Secretaires, qui aſſiſtera en ſon lieu pour l'exercice de ſa charge, lequel ſera tenu rendre leſdites expeditions au-dit greffier.

III.   Auſſi ſeront les dictums ſignez auec la nomination des Iuges qui y auront affifté: fera ledit Greffier tenu de les prononcer quand requis fera, fans attendre payement d'efpices defdits ar-refts, & fans pour ce prendre aucun fa-laire.

iv. Prendra ledit Greffier pour les ex-peditions & fallaires, fçauoir eft pour tous arrefts, appointements & autres expeditions qu'il fera tenu deliurer en papier ou en parchemin. Que les Ad-uocats feront tenus les bailler faits & dreffez, en ce non compris les Arrefts portans executions, defquels il fe fera payer à raifon de xij. fol parifis pour peau, ne prendra aucun falaire des offi-ciers dudit Royaume.

v. Seront auffi les Notaires & Secre-taires tenus figner les lettres d'Eftat des officiers dudit Royaume, fans pour ce prendre aucune chofe d'eux, comme auffi ne pourront les grands Referen-daire & Audiencier, prendre aucune chofe pour le raport & audience defdi-tes lettres.

vi. Sera le Greffier, fortant de fa char-ge, Tenu, huictaine apres fa dimiffion, mettre és mains de l'vn des Notaires &

Secretaires dudit Royaume, qui fera
nommé par la Cour, tous & chacuns
les regiftres qu'il aura faits de fon téps,
& tous autres qu'il aura en fa poffef-
fion concernant fon greffe, & le fait ou
iuftice dudit Royaume, pour les remettre & bailler à fon fucceffeur greffier,
qui fera pourueu dudit eftat, lequel s'en
chargera fur l'inuentaire : le tout en la
prefence defdits Aduocats & Procureur
general & de communauté.

CHAP. QVATRE;

Des Huiſſiers.

1. LE premier Huiffier fera tenu affifter aux plaidoiries ordinaires
auec fon mortier, appellet toutes les
caufes qui luy feront baillees, & les autres huiffiers en habit décent, auec le
bonnet & leurs verges, appelleront Aduocats aux Arrefts, & à faire faire filen-
ce, & pareillement accompagner ledit
Chancelier & Confeil de ladite Bazoche, & à tous autres actes & endroits
qui leur feront commandez, à peine de

huict sols parisis d'amende pour la premiere fois, & double pour la seconde,
& pour la tierce la priuation de son
estat s'il y eschet.

11. Ne prendront lesdits Huissiers plus
grand salaire à peine de suspension &
priuation, que xvj. deniers parisis pour
chacun exploit, portant l'assignation
faitte dedans le Palais, & hors le Palais
comme ville & faux-bourgs, de trois
sols parisis, & pour vne execution &
vente actuellement faitte six sol tourn.

111. Pourront lesdits Huissiers, en vertu des simples extraits, des Arrests &
iugemens dudit royaume, procedder
par toutes voyes d'execution: pourueu
que ce soit dans l'enclos du Palais seulement.

1V. Serons lesdits Huissiers tenus mettre à execution lesdits arrests qui leur
seront baillez dans trois iours ou plu-
stost apres qu'ils en auront esté requis,
selon l'exigence des cas, & les rédre aux
parties, auec les exploits dedans ledit
temps à peine de x. sols parisis, & de
payer ce dont il seroit question, & tenus
faire residence chez les messieurs Pro-

cureurs, autrement ne iouïront de leurs
eſtats.

VI. Obeiront pareillement leſdits Huiſ-
ſiers à toutes les inionctions & com-
mandemens qui leur ſeront faits par la
Cour, ledit ſieur Chancelier Procureur
general l'Aduocat du Roy Procureur de
Communauté ou Treſoriers dudit Royaume.

CHAP. CINQVIESME.

Des Treſoriers.

I. FEront les Treſoriers diligence de
faire aſſembler le Conſeil aux
iours ordinaires & extraordinaires auec
l'antien conſeil pour la ſeance de la
Cour quand beſoin ſera, ſelon que les
affaires ſe preſenteront & le requeront,
fourniront leſdits iours de flambeaux à
leurs deſpens.

II. Receueront les Treſoriers les becs
iaulnes & bien-venües accouſtumees,
pris ſur tous les Clercs indifferemment
entrant au Palais, qui ſont d'vn teſton
de Roy, & quand au nobles & Gentilſ-
hommes

hommes de deux teſtons, auec les amã-
des qui ſont donnees, tant par la Cour
de Parlement , Cour des Aydes,
qu'autres Iuſtices & iuriſdictions du
Palais , & pareillement les amendes
adiugees par la Iuſtice du Royaume.
III. Feront d'oreſnauant leſdits Treſoriers leurs droits & debuoirs deubs &
accouſtumez par chacun an, le premier
Ieüdy d'apres le iour & feſte des Rois,
où ils feront tenus appeller les officiers
dudit Royaume, aſſauoir les Chancelier , Vis-chancelier, maiſtres des Requeſtes ordinaires, grand Referendaire, grands Audiencier, Aumoſnier, Procureur general du Roy , Aduocat du
Roy, Procureur de Communauté, quatre Notaires & Secretaires, Greffier,
premier Huiſſier, les antiens Aduöcats
& Procureur de Communauté de Parlement , iuſques à tel nombre qu'il ſera
aduiſé, dont le billet ſera arreſté par le
Conſeil : enſemble de ce qui debura
eſtre ordonné pour iceluy, afin qu'il
n'y aye ſuperfluité, & ſeront tenus ledit
iour bailler & payer les gaiges des officiers de gens & liurees, à la maniere ac-

G

couftumee dont ils requerront aéte.

IV. Seront tenus par chacun an lefdits Treforiers faire marquer vne houppe à mettre fur le grand may du Palais, en la prefence du Chancelier, Procureur general, Aduocat du Roy, Procurent de Communauté & Collonel , & faire abattre & replanter iceluy may par chacune defdites annees, en la maniere accouftumee, le dernier Samedy du mois de May, y feront mettre & attacher ladite houppe auec deux grandes armoiries , le tout accouftré de lierre, deux douzaines de petites , & vne grande pour porter deuant ledit may, faire affembler le Confeil, & payer le defieuner accouftumé, tant à iceluy qu'aux Capitaines & fuppofts affiftans , ledit may replanté, fera fait le cry accouftumé, & ledit iour feront tenus lefdits Treforiers bailler gans & liurees , affauoit aux Chancellier, Vis-chancellier, gens du Roy, Procureur de Communauté, maiftres des Requeftes ordinaires & extraordinaires , quatre Treforiers Modernes, Notaires & Secretaires, Greffier, & premier Huiffier, & aux

Cappitaines & fuppofts conduifans ledit May des liurees feulement, dequoy
le foir dudit iour à l'affemblee du Confeil ils requerront acte.

vi. Pour la conduite duquel May, fera
par chacun an au mois de Mars proceddé à l'efleation de douze Cappitaines
des fuppofts, faifans charge au Palais,
prefentez par les quatre Treforiers, qui
feront contraints d'accepter la charge,
& faire fonner les tambours & trompettes pendant le mois de May, à cinq
heures du foir aux iours de Lundy, Ieu-
dy & Samedy, & à la conduitte d'icelui
may à cinq heures du foir, & faire donner les aubades & reueils accouftumez,
affauoir à Meffieurs les premier & fe-
cond Prefident de la grand Chambre,
Procureur general du Roy, Chancelier,
Procureurs de Communauté du Parlement, & à leurs maiftres fi bon leur femble, le tout à leurs frais & defpens: lefquels entre eux feront efleation d'vn
Colonnel, Lieutenant, Enfeigne & de-
partements des rents, par l'aduis du
Chancelier, Procureurs du Roy & de
Communauté, & lequel Colonnel fera

tenu d'vn quart de tous les frais, & les
frais des trois autres quarts,& ce qui fera arrefté par l'aduis fufdit de ce que les
Lieutenant & Enfeigne fuppleeront,
viendra au fuport des frais communs,
lefquels Capitaines feront tenus bailler
& prefenter memoires & pourtraits au
confeil d'eux & leurs compagnies,pour
deliberer quels habits ils auront, & lefdits fuppofts debueront porter, felon la
commodité & neceffité du temps: & en
confideration de ce , feront lefdits cap-
pitaux exempts d'eftre Treforiers deux
ans, à compter du iour dudit plan de
May, tant pour le paffé que pour l'aduenir, lefquels d'orefnauant, auec les
antiens Aduocats, feront preferez aux
eftats & dignitez Bazochialles, aduenant vacation felon, leurs antiquitez, &
à la nomination du confeil.

vi. A laquelle conduitte du may, fe-
rót tenus tous les fuppofts,faifans charge d'affifter à peine d'vn efcu d'amende,à la difcretion de la Cour.

vii. Et afin que la loge deftinee au
corps dudit Royaume, à la priere du
Prince des Sauls en l'Hoftel de Bour-

gongne ne se deperisse, seront lesdits
Treforiers tenus faire afsëbler le corps
& la iustice dudit Royaume par chacun an le iour de Carefme prenãt, pour
faire plaid er la cause au Palais en toute
modestie: pour ce fait se transporter audit Hostel de Bourgógne, heure d'vne
heure de releuee, y faire la collation ac-
coustumee, & fournir de tapisserie &
d'armoiries accoustumees de lierre, assauoir vne grande & deux petites: & seront tenus lesdits Treforiers à l'issue de
la plaidoirie dudit iour faire vn simple
debuoir ausdits officiers du corps, assauoir, Chancelier, Vis chancelier, maistres des Requestes ordinaires & extraordinaires, gens du Roy, Procureur de
Communauté, quatre Notaire & Secretaires, Greffier, & premier Huissier,
sans estre abstraints d'y appeller d'autres, & en ce faisant bailler gans & liurees audit Chancelier, & au conseil
des gans seulement, dequoy ils requerront pareillement acte comme deuant.

G iij.

CHAP. SIXIESME.

Concernant la reception des Officiers.

1. SERA par chacun an dans le mois de Nouēbre proceddé à l'esleƈtiō d'vn Chancellier dudit Royaume, selon la pluralité des voix, des supposts dudit Royaume faisant charge au Palais, & à ceste fin seront mis en vn billet quatre des plus antiens soient des maistres des Requestes ordinaires, Aduocat, Procureur du Roy, & Procureur de Communauté, selon la quantité de leur reception, lequel billet sera presenté au Conseil par les quatre Tresoriers, & pour receuoir & recueillir les voix desdits supposts, seront commis par la Cour, deux maistres des Requestes, tels qu'elle aduisera, ayant par eux & chacun d'eux prealablement fait leurs debuoirs & droits, & sera le Chancelier te-

nu payer ſes droits & deuoirs le iour de
reception des ſceaux.

II. Ladite eſlection faitte & le ſerment
ſolemnellement preſté par le Chancelier eſleu le Vis châcelier, ſera tenu mettre és mains du nouueau Chancelier
ſes ſceaux dedans la quinzaine apres &
ſuiuante, és preſences des maiſtres des
Requeſtes, gens du Roy & de Communauté.

III. Les quatre Treſoriers, apres leurs
charges expirees, ſeront receus Conſeillers & maiſtrés des Requeſtes ordinaires audit Royaume en la maniere ac-
couſtumee, pourueus qu'ils ſe ſoient
acquittez de leurs droits & debuoirs,
& rendre compte de l'adminiſtration
de leurs comptes, pardeuant le Chancelier deux des plus antiens maiſtres des
Requeſtes, Procureur general & de
Communauté.

IV. Aduenant la vacation de Procureur de Communauté, ſera procedé à
l'eſlection d'vn autre, par la pluralité
des voix, des ſuppoſts dudit Royaume, faiſans principalle charge ſur la
nomination que le Côſeil ſera de deux

maiſtres des Requeſtes, & deux des antiens Capitaines ou Aduocats.

v. Et aduenant la vacation de l'eſtat de l'Aduocat & Procureur du Roy ſera pourueu par le Conſeil ſur la requeſte qui en ſera faitte par le Procureur de Communauté ou Treſoriers dudit Royaume.

vi. Quand les offices de greffier, premier Huiſſier, enſemble des quatre Notaires & Secretaires feront vacãs, pourra le Chancelier, de ſa puiſſance, pourueoir de telles perſonnes qu'il verra le meriter ſans autre forme d'eſlection.

vii. Seront pareillement tous les autres officiers dudit Royaume, fors les maiſtres des Requeſtes ordinaires, Procureur general, Aduocat du Roy, & Procureur de Communauté, & Treſoriers tenus de prendre du Chancelier lettres de prouiſion de leurs Eſtats, auſquels ils auront eſté eſleus, ſans que ledit Chancelier puiſſe prendre d'eux aucuns deniers pour l'eſmolument du ſceau.

viii. Par la prouiſion des quatre Treſoriers, ſera par le Procureur de la Cómunauté

munauté defdits fuppofts & des quatre
modernes nommez au Confeil apres
la fainct Martin d'hiuer, nommez douze antiens Clercs, faifans charge au Palais, defquels douze, ledit Confeil eflira
quatre, lefquels quatre nommez, feront
contraints de comparoir en iugement,
& prefter le ferment s'ils n'ont excufe
pertinente, laquelle ils feront tenus pro-
pofer fur le champ.

IX. Seront les quatre Notaires & Secretaires exempts d'eftre faits Treforiers
par l'efpace de deux ans à compter du
iour de leur reception aufdits Eftats, &
lefdits deux ans paffez, ils ne pourront
eftre exempts d'accepter ladite charge
de Treforier comme les autres fuppofts
en cas d'efleçtion & nomination.

CHAP. SEPTIESME.

Des Aduocats.

1. TOus les Aduocats receus, & qui
feront cy apres receus audit Royaume, feront tenus d'affifter aux plaidoiries, tant ordinaires qu'extraordinai-

res en habits decents, à peine de confiscation de chappeaux comme dit est.

11. Seront lesdits Aduocats, assauoir
ceux ia receus enrollez & immatriculez
au regiftre du Greffe, selon l'ordre de
leur reception audit serment, & ce afin
qu'en cas d'asséblee generalle ou publique, l'ordre & preferance sufdite soit
obferuee, suiuant ladite matriculle &
Cathalogue.

CHAP. HVICTIESME.

SEront tenus le Chancellier & maiftres des Requeftes, gens du Roy &
Procureur de Communauté, Greffier,
quatre Notaires & Secretaires, & premier Huiffier dudit Royaume, faire
leurs droits & debuoirs accouftumez,
dedans quinzaine apres la reception,
fans autre interpellation, & à faute de ce
fera pourueu d'autre en leur lieu, & n'y
feront abftraints les maiftres des Requeftes ordinaires, en confideration de
leur charge de Treforier.

11. Auffi feront tenus les Aduocats faire leurs droits & deuoirs accouftumez.

III. Seront tenus les suppofts du Royaume porter honneur & reuerence au
Chancelier, maiftres des Requeftes, &
autres officiers du Royaume, obeïr aux
Arrefts & iugemens de la Cour, prefter
confort & ayde pour l'executió d'iceux.
IV. Et à tout le contenu en ces prefentes, efté arrefté par maniere de proui-
fion feulement: ouy fur ce le Procureur
General du Roy le 28. Iáuier 1586. ainfi figné Iacob, Chancelier I. de Thelis,
Bingart, Chauueau, Martin Geures
maiftre des Requeftes, de la Roche Paul-
mier, Nauara, Carre, Vis-chancelier,
Vergnette, Courtin, Bonnefoy, de The-
lier & Boulay.
V. Les prefentes ftatuts & ordonnances ont efté leuës, publiees & enregi-
ftrees, ouy fur ce ledit Procureur general du Roy, & de Communauté, & à la
Cour enioint aux fuppofts de ce Royaume, de les guarder & obferuer fur les
peines y contenues. Faict le quator-
ziefme iour de Feburier, mil cinq cens
quatre-vingt fix, figné Moreau Secre-
taire audit Royaume.

Fin du Statut.

CEs statuts & ordonnáces Royaux,
ont tousiours esté Religieusement,
inuiolablemét,& estroittement gardees
& obseruees iusques à present, par les
Officiers & supposts du Royaume de
la Bazoche, & lors que quelques Iuges,
par entreprise de iurisdiction,ont voulu
cognoistre des differends des iusticiers
dudit Roy de la Bazoche. La Cour leur
en a tousiours deffendu la cognoissance,par vne infinité de ses Arrests, dont
i'en raporteray seulement icy huict
(pour ne pas ennuyer le lecteur) ren-
dus, tant en la grand Chambre, qu'en
celle de la Tournelle, soit en l'audience
ou sur proces par escrit és annees 1528.

14.Iuillet.
3.Auril.
27.Mars.
8.Febrier.
2:.Ianuier.
11.May.
7.Aoust.

1545. 1604. 1611. 1621. 1627. 1628. &
1630. où se remarque qu'alors que le
Preuost de Paris,ses Lieutenans, Audi-
teurs du Chastelet, Bailly du Palais, of-
ficial de Paris, Preuosts Bazochiaux,ou
autres, ont pretendu les Clercs du Palais, leurs iusticiables. La Cour a tousiours renuoyé la cognoissance des differends pardeuant edit Roy de la Bazoche ou ses officiers, auec deffences
ausdits Iuges d'en plus cognoistre à
l'aduenir.

Comme aussi, lors qu'il s'est meu quelque contestation entre les officiers de la Bazoche pour leur reception, aux charges vaccantes, la Cour les a perpetuellement maintenus, dans l'execution de leurs Ordonnances, & conformement au susdit statut : comme il se peut veoir par les Arrests cy dessus mentionnez, dont ie ne feray plus long narré, pour ne point abuser de la patience du lecteur, mais seulement i'ay trouué à propos de faire inserer icy l'Arrest qui suit, pour prouuer la magnificence qu'autrefois ont faitte ces genereux supposts de l'Equité, dont nos Rois ont voulu estre tesmoins oculaires.

Extraict des Registres de Parlemēt.

SVr la Requeste iudiciairement faitte à la Cour par maistre Anthoine Minard Aduocat du Roy, & supposts de la Bazoche, à ce qu'il pleut à ladite Cour, demain & Lvndy prochain, vacquer entierement pour la monstre generalle, qui se doit faire ledit iour de demain, & que le Roy & supposts de la

Bazoche yroient iouer à la faulſaye,
ſuiuant leurs loüables couſtumes, apres
que Cappel pour le Procureur general
du Roy à dit, qu'il auoit eſté aduerty
que le train du Roy de la Bazoche eſtoit
en tresbel & triomphant equipage, &
vouloit le Roy veoir la montre & triõ-
phe dudit Roy de la Bazoche & des ſup
poſts, & ſe trouueroit demain en ceſte
ville pour ceſte cauſe, & parce qu'il y
auoit fort grande compagnie de ſuppoſts, ſeroit bien difficile audit Roy de
la Bazoche, de faire honneſtement ſa
monſtre, s'il n'auoit du temps & inter-
ualle à ſuffiſance. Dauantage il eſtoit
certain que l'aſſemblee ſe feroit en ce Palais pour en partir, & que des demain le
matin y auroit grand bruit & tumulte
en la grande Salle, pour les tambours
& fiffres qui ſonneront, au moyen dequoy, ne pourroit la Cour ſi bien enten-
dre à l'expedition des proçes, qui doit
eſtre en tranquilité. Parquoy conſen-
toit, s'il plaiſoit a la Cour, qu'elle vac-
quaſt demain entierement. Quant à Lũ-
dy, pource que c'eſtoit iour ordinaire
pour l'expedition des roolles ordinai-

res, & qu'il y a plusieurs parties qui
sont venues en ceste ville pour ouyr les
expeditions, se rapporte à la Cour d'en
ordonner, mais sans rien tirer à consequence.   La Cour ayant esgard à ladite Requeste faitte de la part dudit Roy
& supports de la Bazoche, & ouy le Procureur general du Roy. A ordonné &
ordonne, que demain non seulement
cessera la plaidoyrie à la Tournelle,
mais entierement vacquera ladite Cour
& n'y sera pour le iour de demain, & ce
sans le tirer à consequence, & ce pour
ceste fois seulement: & entant que tou-
che Lundy prochain. A ordonné & ordonne ladite Cour, qu'il sera appellé du
roolle ordinaire du matin iusquesà dix
heures, & le residu de la iournee, & le
lendemain qu'il sera feste pour tout le
iour, permis audit Roy & supposts de la
Bazoche, de faire ainsi qu'ils ont accouftumé. Fait en Parlement le 26. de
Iuin 1540. Signé par collation.

FIN.

9 782019 721138